La Búsqueda para la Mano de Dios en Mi Vida

¿Qué ha hecho Dios para mí y qué espera de mí?

Pastor Jeremy Markle

Edición del Alumno

Los Ministerios de Caminando en la PALABRA
Pastor Jeremy Markle
www.walkinginthewordministries.net

La Búsqueda para la Mano de Dios En Mi Vida
¿Qué ha hecho Dios para mí y qué espera de mí?
Edición del Alumno

Publicado por Los Ministerios de Andando en la PALABRA
Walking in the WORD Ministries
www.walkinginthewordministries.net

Impreso en los Estados Unidos.

ISBN: 978-0692360606

La Búsqueda para la Mano de Dios en Mi Vida

✎El Gobierno — Romanos 13:1-7, I Pedro 2:13-17, I Timoteo 2:1-4

✎El Trabajo y la Escuela — Efesios 6:5-9, Colosenses 3:22-4:1, I Timoteo 6:1-2, I Pedro 2:18-20

✎Los Amigos — Salmos 1, Proverbios 27:6, II Corintios 6:14-18, Santiago 4:4

¿De qué Dios quiere protegerme? **Pg. 43**

☆Efesios 2:1-3

✎El Mundo	I Juan 2:15-17
✎El Diablo	I Pedro 5:8-9, Santiago 4:5-6
✎La Carne	Gálatas 5:16-26
✎La Tentación	Santiago 1:12-15
✎El Pecado	Romanos 6:1-23
✎La Dureza del Pecado	Salmos 32
✎El Maestro Falso	Colosenses 2:8-23, I Timoteo 4:1-7, I Juan 2:21-23, II Juan 1:7-11

¿Cuáles son las diferencias entre las verdades de Dios y las falsedades del hombre? **Pg. 57**

✎El Evangelio de Dios por la Fe *vs.* El Evangelio del Mundo por las Obras

I Corintios 15:1-4, Gálatas 1:6-12, Romanos 1:16

✎El Arrepentimiento que es según Dios *vs.* El Arrepentimiento que es según el Mundo

II Corintios 7:8-11, I Juan 1:8-10

✎El Amor de Dios *vs.* El Amor del Mundo

Proverbios 7:6-27, I Juan 3:18, 4:9-11, Romanos 13:8-10, I Corintios 13:4-8

✎La Sabiduría del Cielo *vs.* La Sabiduría del Mundo

Santiago 3:13-18, Proverbios 9:10

✎Las Obras Producidas por Dios *vs.* Las Obras Producidas por la Carne
Gálatas 5:16-26

✎El Tesoro del Cielo *vs.* El Tesoro del Mundo
Mateo 6:19-21, Lucas 12:16-21, 29-34

✎El Maestro de Dios *vs.* El Maestro del Mundo
I Corintios 2:1-5, II Corintios 2:17, 11:13-15, II Pedro 2:1-22

¿Dios sabe quién soy yo?
Salmo 139

Cada persona confronta la pregunta difícil de, "¿Dios sabe quién soy yo?" Las dificultades y las circunstancias de la vida pueden ser abrumadoras, y la persona puede sentirse sola y poco querida rápidamente. Por eso, ¿Dios sabe quién es cada persona? ¿Él se preocupa por cada uno de nosotros como si fuéramos los únicos en todo el mundo? ¿Él va a ayudarnos enmedio de nuestra hora de necesidad?

En el Salmo 139, el Rey David expresó el gran conocimiento de Dios cuando habló específicamente sobre el conocimiento del Dios de su vida. Esperemos en el amor y el conocimiento de nuestro magnífico Dios para cada individuo.

1. ***"Oh Jehová, tú me has __________ y _________."*** (Vrs. 1)

2. ¿Qué dos cosas sabe Dios sobre usted? (Vrs. 2)
   a. ________________________
   b. ________________________

3. ¿Qué entiende Dios sobre usted? (Vrs. 2)
   a. ________________________

4. ¿Qué conoce Dios sobre usted? (Vrs. 3)
   a. ________________________

5. ¿Cuántas de sus palabras sabe Dios? (Vrs. 4)
   a. ______________________
   *¿Cuándo sabe Dios de sus palabras? (Mateo 12:36)
   ____

6. ¿Dónde está la presencia y la mano de Dios en referencia a usted? (Vrs. 5)
   a. ______________________
   b. ______________________
   c. ______________________

7. En sus propias palabras, diga lo que David dijo sobre el conocimiento personal de Dios. (Vrs. 6)
   ____
   ____
   ____

8. ***"¿A dónde me iré de tu ______________?¿Y a dónde huiré de tu presencia?"*** (Vrs. 7)
   ✍ *Proverbios 15:3 - Dios sabe cada cosa secreta.*

9. ¿En dónde dijo David que Dios está? (Vrs. 8-12)
   a. ______________________
   b. ______________________
   c. ______________________
   d. ______________________
   e. ______________________

10. ¿Qué hacen las manos de Dios por usted? (Vrs. 10)
    a. ______________________
    b. ______________________

11. ¿Cuándo comenzó Dios Su obra en la vida de David? (Vrs. 13, 15)
    a. ______________________
    ✍ *Jueces 6:14-16 - Dios eligió a su familia y su posición en su familia específicamente para usted.*

12. ¿Qué vio Dios de David antes que él fuera formado totalmente? (Vrs. 16)
    a. ______________________
    *Qué escribió Dios en Su libro antes que ellas existieran?
    * ______________________________
    ✍ *Éxodo 4:10-11 - Dios le ha creado a usted con sus atributos fiscos y habilidades especificas para que usted pueda cumplir la obra especifica que Él tiene para usted.*

13. ¿Qué eran preciosos a David? (Vrs. 17)
    a. ______________________

14. ¿Cuál era la suma de los pensamientos de Dios sobre usted? (Vrs. 17-18)
    a. ______________________

15. ¿Qué tiempo del día dijo David que Dios estaba con él? (Vrs. 18)
    a. ______________________________

16. ¿Qué quería David eliminar de su vida para que él no fuera un enemigo de Dios? (Vrs. 19-22)
    a. ______________________________
    ☞ *Santiago 4:4, I Juan 2:15-17 - El amor para el mundo nos hace enemigos de Dios.*

17. ¿Qué pidió David que Dios le hiciera? (Vrs. 23-24)
    ✍ *Salmos 119:9, I Juan 1:8-10*
    a. ______________________________
    b. ______________________________

18. David le pidió a Dios que Él le guiara a ¿dónde? (Vrs. 24b)
    ✍ *Salmos 119:11*
    a. ______________________________

La Aplicación Personal

☞ Basado en el conocimiento completo de Dios sobre usted, ¿qué pecado hay que confesar (ex. Los pensamientos, las palabras, las acciones, etc.)?

✎ ____

✎ ____

✎ ____

✎ ____

☞ Basado en el conocimiento de Dios sobre usted, ¿qué seguridad puede tener a través de su vida (ex. su familia, sus atributos físicos, sus habilidades, su futuro, etc.)?

✎ ____

✎ ____

✎ ____

✎ ____

Lectura Diaria

- ★ Salmos 40
- ★ Salmos 41
- ★ Salmos 56
- ★ Salmos 71
- ★ Salmos 73
- ★ Salmos 103
- ★ Salmos 121

Hágase éstas preguntas cada día cuando esté leyendo uno de los Salmos:

- ✓ ¿Qué sabe Dios sobre mi?
- ✓ ¿Qué seguridad puedo tener debido a que Dios me conoce?
- ✓ ¿Cómo debo vivir debido a que Dios me conoce?

¿Qué Dios me ha dado?
II Pedro 1:2-4

Dios, en Su gran amor ha suplido a cada creyente con los recursos necesarios para vivir su vida nueva. II Pedro 1:2-3 dice;

> ***"2 Gracia y paz os sean multiplicadas, en el conocimiento de Dios y de nuestro Señor Jesús.***
> ***3 Como todas las cosas que pertenecen a la vida y a la piedad nos han sido dadas por su divino poder, mediante el conocimiento de aquel que nos llamó por su gloria y excelencia,"***

¿Qué son los recursos? ¿Cómo ellos deben ser usados?

Todas Las Cosas
II Pedro 1:2-4

1. Recibimos gracia y paz en nuestra vida cuando tenemos el conocimiento de, ¿Quién? (Vrs. 2)
   a. ______________________________
   b. ______________________________

2. Dios nos ha dado todas las cosas que pertenecen a, ¿cuáles dos cosas? (Vrs. 3) *(Santiago 1:17)*
   a. ______________________________
   b. ______________________________

3. ¿De qué escapamos cuando conocemos a Jesucristo y somos participantes de Su naturaleza divina?
   a. ______________________
   b. ______________________

La Vida Eterna
Juan 3:16-18

4. En el amor de Dios por usted, ¿qué Él le dio a usted? (Vrs. 16)
   a. ______________________

5. ¿Cómo usted puede estar seguro de su vida eterna? (Vrs. 16)
   a. ______________________

6. ¿Cuál fue la razón de Dios para enviar a Jesucristo al mundo? (Vrs. 17)
   a. ______________________

7. ¿Cuál es la condición de los que no creen en Jesucristo? (Vrs.18)
   a. ______________________

El Espíritu Santo
Juan 14:16-18, 26, 16:7-14

8. ¿Qué pidió Jesús a Dios le enviara a los creyentes? (Vrs. 16)
   a. ____________________

9. ¿Cómo se llama el Consolador? ***"El*** __________ ***de la verdad"*** (Vrs. 17)

10. ¿Quién es el Consolador? (Vrs. 26)
    a. ____________________

11. ¿Cuál es el trabajo del Espíritu Santo? (Vrs. 26)
    a. ____________________
    b. ____________________

12. El Espíritu Santo va a convencer al mundo de, ¿qué tres cosas? (Vrs. 16:8-11)
    a. ____________________
    b. ____________________
    c. ____________________

13. El Espíritu Santo va a guiar cada creyente ¿a saber qué? (Vrs. 13)
    a. ____________________

La Vida Nueva
II Corintios 5:17, Romanos 6:1-23, Efesios 2:1-19

14. ¿Qué es hecho cada creyente en el momento de la salvación? (II Cor. 5:17)
    a. ______________________

15. ¿Qué fue eliminado de su vida en su salvación? (II Cor. 5:17)
    a. ______________________

16. ¿Debe continuar en el pecado después de su salvación? (Rom. 6:1-2)
    a. ______________________

17. ¿Cómo debe andar después de su salvación (Rom. 6:4)
    a. ______________________

18. ¿Qué fue destruido con Jesucristo en la cruz? (Rom. 6:5-6)
    a. ______________________

19. El creyente debe ser muerto a __________ y vivo para ______ a través de Jesucristo. (Rom. 11-13)
    a. ______________________
    b. ______________________

20. Antes de la salvación, ¿cómo anduvo (vivía)? (Efe. 2:2)
    a. ______________________
    b. ______________________
    c. ______________________

21. ¿Cuáles son las tres cosas que Dios ha hecho a través de Jesucristo? (Efe. 2:4-7)
    a. ***"Nos dio ________ juntamente con Cristo"***
    b. ***"Juntamente con él nos __________"***
    c. ***"Nos hizo _______ en los lugares celestiales con Cristo Jesús"***

22. ¿Qué Dios nos hace cumplir en la salvación? (Efe. 2:10)
    a. ______________________

23. ¿De Quién estamos cerca por la sangre de Jesucristo? (Efe. 2:13-16)
    a. ______________________

La Biblia
II Timoteo 3:14-17

24. ¿En qué debemos continuar?(Vrs 14-15)
    a. ______________________

25. ¿En qué manera la Escritura fue dada al hombre? (Vrs. 16) *(II Pedro 1:19-21)*
    a. ____________________________

26. La Escritura es útil para, ¿cuáles cuatro cosas? (Vrs. 16)
    a. ____________________________
    b. ____________________________
    c. ____________________________
    d. ____________________________

27. ¿Cuál es el propósito de la Escritura? (Vrs. 17)
    a. ____________________________

La Oración
Hebreos 4:14-17

28. ¿Quién es nuestro Gran Sumo Sacerdote que está sentado en el cielo esperando por nuestras peticiones? (Vrs. 14)
    a. ____________________________

29. ¿Cómo sabemos que nuestro Gran Sumo Sacerdote entiende nuestras necesidades? (Vrs. 15)
    a. ____________________________

30. ¿Cómo debemos llegar a el Trono de Gracia para recibir la gracia que necesitamos? (Vrs. 16)
    a. ____________________

La Armadura De Dios
Efesios 6:10-18

31. ¿En el poder de Quién debemos ser fuertes? (Vrs. 10
    a. ____________________

32. ¿Qué suple Dios para protegernos del engaño del Diablo? (Vrs. 11, 13)
    a. ____________________

33. ¿Estás combatiendo contra cosas físicas o espirituales? (Vrs. 12)
    a. ____________________

34. Espiritualmente, ¿En qué posición debe estar? (Vrs. 14)
    a. ____________________

35. ¿Cuáles son las piezas de la armadura de Dios y cuál es el significado de cada una? (Vrs. 14-17)
    a. ____________________ ____________________
    b. ____________________ ____________________
    c. ____________________ ____________________
    d. ____________________ ____________________
    e. ____________________ ____________________
    f. ____________________ ____________________

36. ¿Cuál es el propósito de la fe? (Vrs. 16)
    a. ____

37. ¿Cómo debes orar en la batalla espiritual? (Vrs. 18)
    a. __________________________
    b. __________________________

La Aplicación Personal

☞ Basado en el conocimiento completo de Dios sobre usted, ¿qué pecado hay que confesar (ex. Los pensamientos, las palabras, las acciones, etc.)?

✎ ____________________

✎ ____________________

✎ ____________________

✎ ____________________

☞ Basado en el conocimiento de Dios sobre usted, ¿qué seguridad puede tener a través de su vida (ex. su familia, sus atributos físicos, sus habilidades, su futuro, etc.)?

✎ ____________________

✎ ____________________

✎ ____________________

✎ ____________________

¿Cuál es el propósito de Dios para mi vida? Eclesiastés 12:13-14

En el libro de Eclesiastés, el Rey Salomón, el hombre más sabio en todo tiempo, escribió sobre su búsqueda para el propósito y disfrute de la vida. En el último del libro él dijo:

"13 El fin de todo el discurso oído es este: Teme a Dios, y guarda sus mandamientos; porque esto es el todo del hombre.
14 Porque Dios traerá toda obra a juicio, juntamente con toda cosa encubierta, sea buena o sea mala."

La conclusión es sencilla. El propósito del hombre en esta vida es que tema a Dios y guarde Sus mandamientos. Vamos a ver lo que la Biblia dice sobre estos dos temas.

Temer a Dios
Proverbios 2:1-6

1 Hijo mío, si recibieres mis palabras,
Y mis mandamientos guardares dentro de ti,
2 Haciendo estar atento tu oído a la sabiduría;
Si inclinares tu corazón a la prudencia,
3 Si clamares a la inteligencia,
Y a la prudencia dieres tu voz;

4 Si como a la plata la buscares,
Y la escudriñares como a tesoros,
5 Entonces entenderás el temor de Jehová,
Y hallarás el conocimiento de Dios.
6 Porque Jehová da la sabiduría,
Y de su boca viene el conocimiento y la inteligencia.

1. ¿Qué provee el temor de Dios? ________________ (________________)
   a. Proverbios 1:7 ***El _________ de la _________ es el temor de Jehová; Los insensatos desprecian la sabiduría y la enseñanza.***
   b. Proverbios 1:29 ***Por cuanto ____________ la ____________, Y no escogieron el temor de Jehová,***
   c. Proverbios 15:33 ***El temor de Jehová es ___________ de _____________; Y a la honra precede la humildad.***
      *I Timoteo 3:16-17
   d. Proverbios 9:10 ***El temor de Jehová es el ____________ de la ________________, Y el conocimiento del Santísimo es la inteligencia.***

2. ¿Qué protege el temor de Dios? ______________
   a. Proverbios 10:27 ***El temor de Jehová _____________ los días; Mas los años de los impíos serán acortados.***

b. Proverbios 14:27 ***El temor de Jehová es _____________ de vida Para apartarse de los lazos de la muerte.***
c. Proverbios 19:23 ***El temor de Jehová es para _____, Y con él vivirá lleno de _________ el hombre; No será visitado de mal.***

3. El temor de Dios es mejor a ¿Qué? ___________
    a. Proverbios 15:16 ***Mejor es lo ______ con el temor de Jehová, Que el gran tesoro donde hay turbación.***

4. ¿Qué hace uno que tiene el temor de Dios? _____________________________________
    a. Proverbios 3:7 ***No seas sabio en tu propia opinión; Teme a Jehová, y _______ del mal;***
    b. Proverbios 8:13 ***El temor de Jehová es _______________ el mal; La soberbia y la arrogancia, el mal camino, Y la boca perversa, aborrezco.***
    c. Proverbios 16:6 ***Con misericordia y verdad se corrige el pecado, Y con el temor de Jehová los hombres se _______ del mal.***

5. ¿Qué produce el temor de Dios? ____________
____
   a. Proverbios 14:26 ***En el temor de Jehová está la fuerte ___________; Y esperanza tendrán sus hijos.***
   b. Proverbios 22:4 __________, _____*y* _____ ***son la remuneración de la humildad y del temor de Jehová.***

6. ¿Es el temor de Dios un mandamiento? _______
   a. Proverbios 23:17 ***No tenga tu corazón envidia de los pecadores, Antes ____________ en el temor de Jehová todo el _______;***
   b. Proverbios 24:21 ______ ***a Jehová, hijo mío, y al rey; No te entremetas con los veleidosos;***

La opción es clara. Podemos ser hijos buenos y obedientes o hijos rebeldes y desobedientes. El joven bueno tiene bastante temor de sus padres por ser obediente a los mandamientos de éstos para su protección. Mientras que el joven malo únicamente tiene temor de los resultados de la desobediencia, lo cual es el castigo de sus padres. ¿Cuál de ellos es usted?

II Corintios 7:1 dice, ***"Así que, amados, puesto que tenemos tales promesas, limpiémonos de toda contaminación de carne y de espíritu, perfeccionando***

la santidad en el temor de Dios." Cuáles son las promesas que nos fuerzan a temer a Dios? Ellas están en II Corintios 6:11-18.

- ★ **Job 1:9**
- ★ **Job 28:28**
- ★ **Salmos 19:9**
- ★ **Salmos 34:1-22 (9-7, 11)**
- ★ **Salmos 11:10**

Guardar los Mandamientos de Dios
I Juan 3:23-24

El Mandamiento De La Salvación
23 Y este es su mandamiento:
Que creamos en el nombre de su Hijo Jesucristo,
y nos amemos unos a otros
como nos lo ha mandado.
24 Y el que guarda sus mandamientos,
permanece en Dios, y Dios en él.
Y en esto sabemos que él permanece en nosotros,
por el Espíritu que nos ha dado.

Si un individuo no tiene fe en Jesucristo, él no puede experimentar el amor de Dios en la salvación. Sin la salvación un individuo no puede amar a los otros correctamente. Por esta razón, el primer mandamiento es la fe en Jesucristo. Todos los otros intentos de obedecer los mandamientos de Dios y ganar la salvación van a fallar. Por lo tanto, si usted no ha aceptado a Jesucristo como su Salvador personal, éste es el primer mandamiento de Dios que debe obedecer para que se cumpla el propósito de Dios en su vida.

Efesios 2:8-9

8 Porque por gracia sois salvos por medio de la fe;
y esto no de vosotros,
pues es don de Dios;
9 no por obras, para que nadie se gloríe.

1. ¿Cuáles son los Diez Mandamientos de Dios? - Éxodo 20:1-17
   a. Vrs. 2-3 ________________________

   ____

   b. Vrs. 4-6 ________________________

   ____

   c. Vrs. 7 ________________________

   ____

   d. Vrs. 8-11 ________________________

   ____

   *El día del culto cambió a domingo cuando Jesucristo resucitó de la muerte en el primer día de la semana. (Mateo 28:1, I Corintios 16:2a)

   e. Vrs. 12 ________________________

   ____

f. Vrs. 13 ________________________________

____

g. Vrs. 14 ________________________________

____

h. Vrs. 15 ________________________________

____

i. Vrs. 16 ________________________________

____

j. Vrs. 17 ________________________________

____

2. ¿Cuáles dice Jesús son los dos Mandamientos Mayores? - (Marcos 12:28-34)

a. ____

*¿Con cuáles partes de su vida debe amar a Dios?

____

____

____

____

*I Juan 2:15-17 - ¿Qué está en contra del amor para Dios?

____

b. ______________________________

*Romanos 13:8-10 - ¿Qué no hace el amor verdadero? ______________________

*I Corintios 13:4-8 - ¿Qué hace el amor verdadero?

____

____

____

____

____

____

____

____

3. La obediencia a los mandamientos de Dios presenta ... (Según Juan el Apóstol)
   a. Que yo tengo _____ para Dios. - Juan 14:15, 15:9-17
   b. Que yo tengo ______________ de Dios. - I Juan 2:1-6
   c. Que yo soy un ___________ de Dios. - Juan 13:34-35
   d. Que yo estoy _____________ en Dios. - Juan 15:9-10
   e. Que yo tengo _____ para los demás. - II Juan 1:4-6

4. La obediencia a los mandamientos de Dios recibe ... (Según Juan el Apóstol)
   a. El ______ y la manifestación de Dios. - Juan 14:21
   b. La _________ del Espíritu Santo. - Juan 14:15-18, I Juan 3:24
   c. La ________ de Dios. - Juan 15:14-15
   d. Las respuestas de las _________. - I Juan 3:22

5. En sus propias palabras, ¿qué dice I Juan 5:1-3 sobre la obediencia?

   ____
   ____
   ____
   ____
   ____
   ____

6. ¿Que nos enseña Jesús sobre la obediencia a través de Su ejemplo en Filipenses 2:5-11?
   a. La obediencia demanda __________. (vrs 8a)
   b. Debo estar listo para obedecer hasta el punto de sufrir la __________. (vrs 8b)
   c. Jesús fue ________________ después de Su obediencia. (vrs 9-11)

7. ¿Qué nos enseña Hebreos 13:7, 17 sobre las autoridades que Dios nos da?
   a. Su obra es para enseñarme la ___________ de ______. (vrs. 7)
   b. Debo _______________ el ___________ de su conducta. (vrs. 7)
   c. Debo ________ su ___. (vrs. 7)
   d. Debo ______________ a ellos. (vrs. 17)
   e. Ellos ________ por mi alma. (vrs. 17)
   f. Ellos van a dar _______ a Dios sobre mí. (vrs. 17)

¿Cuáles son las relaciones y las autoridades que Dios me ha dado?

Dios
Isaías 45:9-12, Hechos 5:27-29, Lucas 12:4-5, I Corintios 6:19-20

1. ¿Debe la creación discutir contra su creador? (Isa. 45:9-12)
   a. ______________________________

2. ¿A quién debes temer (obedecer), al hombre o a Dios? (Hechos 5:27-29, Lucas 12:4-5)
   a. ______________________________

3. ¿Por qué debe el creyente glorificar (obedecer) a Dios? (I Cor. 6:19-20)
   a. ______________________________

La Familia
El Esposo & La Esposa
Génesis 2:21-25, Efesios 5:22-33,

4. ¿Quién comenzó la familia? (Gen. 2:21-25)
   a. ______________________________

5. ¿Cómo a Quién, debe estar la esposa sujeta a su marido? (Efe. 5:22-24)
   a. ______________________________

6. ¿Cómo a Quién, debe amar el marido a su esposa? (Efe. 5:25)
   a. ______________________________

7. ***"Por lo demás, cada uno de vosotros _________ también a su mujer como a sí mismo; y la mujer _________ a su marido."*** (Efe. 5:33)

La Familia
Los Padres y Los Niños
Efesios 6:1-4, Deuteronomio 6:4-15

8. ¿Qué deben hacerle los hijos a sus padres? (Efe. 6:1)
   a. ______________________________
   *Este mandato es basado en la autoridad de ¿Quién?
   ____

9. ¿Qué deben hacerle los hijos a sus padres? (Efe. 6:2)
   a. ____________________
   *Si un niño sigue este mandato, ¿Qué le promete Dios a él? ____________________
   ____

10. ¿Qué no deben hacerle los padres a sus niños? (Efe. 6:4)
    a. ____________________

11. ¿Qué dos cosas son la responsabilidad de los padres en la crianza de sus niños? (Efe. 6:4)
    a. ____________________
    b. ____________________

12. ¿Cuándo deben los padres enseñarle a los niños sobre Dios? (Deut. 6:7-9)
    a. ____________________

La Iglesia Local
Hebreos 10:24-25, 13:7, 17, Efesios 4:7-16, I Corintios 12:12-27

13. ¿Cuál es el propósito de la iglesia local? (Heb. 10:24)
    a. estimularnos al ______________________
    b. estimularnos ... las ______________________

14. ¿Qué no debe hacer el creyente con la iglesia? (Heb. 10:25)
    a. ______________________

15. ¿A quiénes deben recordar los creyentes por sus enseñanzas de la Palabra de Dios? (Heb. 13:7)
    a. ______________________

16. ¿Quiénes darán cuenta sobre su obediencia a su liderazgo? (Heb. 13:17)
    a. ______________________

17. ¿Quién dio los líderes a la iglesia? (Efe. 4:7-11)
    a. ______________________

18. ***"A fin de ___________ a los santos para la obra del ministerio, para la edificación del cuerpo de Cristo, hasta que todos lleguemos a la ________ de la fe y del _____________ del Hijo de Dios, a un varón perfecto, a la medida de la estatura de la plenitud de Cristo; para que ya no seamos ________ fluctuantes, __________ por doquiera de todo viento de doctrina, por estratagema de hombres que para engañar emplean con astucia las artimañas del error,"*** (Efe. 4:12-14)

19. Los líderes de la iglesia deben perfeccionar a los santos para que ellos puedan cumplir ¿qué? (Efe. 4:12)
    a. ________________________

20. ¿Es importante cada miembro de la iglesia? (I Cor. 12:12-27)
    a. ________________________

El Gobierno
Romanos 13:1-7, I Pedro 2:13-17, I Timoteo 2:1-4

21. ¿De dónde nos llegan todas los autoridades? (Rom. 13:1)
    a. ________________________

22. Si es desobediente al gobierno, ¿a quién desobedece? (Rom. 13:2, I Pedro 2:13-17)
    a. ______________________

23. ¿Cuál es el propósito del gobierno? (Rom. 13:3-4, I Pedro 2:14)
    a. ________ de los malhechores
    b. _________ de los que hacen bien.

24. ¿Deben los creyentes obedecer las leyes del gobierno si ellas no están contra las leyes de Dios? (Rom.13:5-6)
    a. ______________________

25. ¿Qué debe hacer el creyente por su gobierno? (I Tim. 2:1-2)
    a. ______________________

26. ¿Qué debe desear el creyente de su gobierno? (I Tim. 2:2b)
    a. ______________________
    b. ______________________

27. ¿Qué quiere Dios para el gobierno? (I Tim. 2:3-4)
    a. ______________________

El Trabajo y La Escuela
Efesios 6:5-9, Colosenses 3:22-4-1
I Timoteo 6:1-2, I Pedro 2:18-20

28. Los Siervos (empleados) deben servir a sus amos (jefes) como le están sirviendo a ¿Quién? (Efe.6:5-7, Col. 3:23)
    a. ______________________

29. ¿No deben trabajar como ¿cuáles empleados? (Efe. 6:6, Col. 3:22)
    a. ______________________________________

30. ¿Quién recompensará al empleado bueno? (Efe. 6:8, Col. 3:24-25)
    a. ______________________

31. ¿Qué debe recordar el empleado? (Efe. 6:9, Col. 4:1)
    a. ______________________

32. ¿Cuáles son las dos cosas que el empleador no debe hacer? (Efe. 6:9)
    a. ______________________
    b. ______________________

33. ¿Quién no va a ser blasfemado si el empleador honra a sus empleados correctamente? (I Tim. 6:1-2)
    a. ____________________________

34. ¿Debe un empleado rendirse a su superior (jefe, patrono) únicamente cuando éste es bueno? (I Pedro 2:18-20)
    a. ____________________________

Los Amigos
Salmos 1, Proverbios 27:6, II Corintios 6:14-18, Santiago 4:4

35. ¿Cuáles tres cosas debe hacer el creyente? (Sal. 1:1)
    a. No ______ en consejo de malos,
    b. Ni ______ en camino de pecadores,
    c. Ni ____________ en silla de escarnecedores;
    *El creyente no debe permitir que la influencia del mundo sea parte de su vida. Por lo tanto, los amigos deben ser los que representen estas tres palabras.

36. ¿Cómo puede el creyente evitar a los amigos mundanos? (Sal. 1:2)
    a. ______________________________
    *Para la protección de los amigos malos y las malas influencias, el creyente debe sacar tiempo con la Palabra de Dios regularmente.

37. ¿Cuáles son los resultados en la vida del creyente que se enfoque a sí mismo en la Palabra de Dios en vez de las calles del mal? (Sal. 1:3, 6)
    a. ______________________________
    b. ______________________________

38. ¿Qué es mejor que los besos del enemigo? (Pro. 27:6)
    a. ______________________________
    *Con frecuencia somos heridos por la honestidad del amigo al ser confrontados por él con nuestro pecado. Sin embargo, éste es mucho mejor que los besos del enemigo que nos dice que todo está bien cuando no lo está verdaderamente.

39. ¿Puede decir el creyente que él es amigo de Dios cuando tiene amistades que son mundanas (en contradicción a la Palabra de Dios)? (Santiago 4:4, II Cor. 6:14-18)
    a. ____________________

¿De qué Dios quiere protegerme? Efesios 2:1-3

Dios lo hace Su hijo a través de su fe en Jesucristo. Como un buen padre, Dios quiere protegerle de los peligros que están alrededor de usted cada día. Antes de la salvación, cada persona andaba en estas condiciones e influencias peligrosas sin protección. Efesios 2:1-3 nos dice;

"1 Y él os dio vida a vosotros, cuando estabais muertos en vuestros delitos y pecados,
2 en los cuales anduvisteis en otro tiempo, siguiendo la corriente de este mundo *[los enfoques y filosofías del mundo]*, ***conforme al príncipe de la potestad del aire*** *[Diablo]*, ***el espíritu que ahora opera en los hijos de desobediencia*** *[la carne]*,
3 entre los cuales también todos nosotros vivimos en otro tiempo en los deseos de nuestra carne, haciendo la voluntad de la carne y de los pensamientos, y éramos por naturaleza hijos de ira, lo mismo que los demás."

Use los siguientes pasajes para aprender lo que Dios dice sobre los peligros que le atacan a usted diariamente.

El Mundo
I Juan 2:15-17

1. ¿Qué no debe amar el creyente? (Vrs. 15)
   a. ______________________

2. ¿Qué no tendría el creyente en su vida si amara al mundo? (Vrs. 15)
   a. ______________________

3. ¿Qué tres cosas están en el mundo? (Vrs. 16)
   *Dé una descripción corta de cada uno.
   a. ____________________ - ________________
      ____
      ____
   b. ____________________ - ________________
      ____
      ____
   c. ____________________ - ________________
      ____
      ____

4. ¿Qué va a pasar con las cosas del mundo? (Vrs 17)
   a. ______________________

5. ¿Qué va a pasar en la vida de alguien que cumple la voluntad de Dios? (Vrs. 17)
   a. ______________________

El Diablo
I Pedro 5:8-11, Santiago 4:5-8

6. *"Sed __________, y ________ ..."* (I Ped 5:8)

7. ¿Quién es el adversario del creyente? (I Ped 5:8)
   a. ________________________

8. ¿Cómo "anda alrededor" el Diablo? (I Ped 5:8)
   a. ________________________

9. ¿Cómo puede el creyente resistir al Diablo? (I Ped 5:9)
   a. ________________________

10. ¿Cuáles cuatro cosas está Dios cumpliendo en la vida del creyente a través del sufrimiento? (I Ped 5:11)
    a. ________________________
    b. ________________________
    c. ________________________
    d. ________________________

11. ¿Qué le debe hacer el creyente al Diablo? (Sant 4:5-6)
    *Mire Lucas 4:1-13 para ver como Jesucristo resistió el Diablo.
    a. ________________________

12. ¿Qué le debe hacer el creyente a Dios? (Sant 4:7)
    a. ______________________

13. ¿Cuál es la promesa de Dios si el creyente se somete a Él? (Sant 4:8)
    a. ______________________

La Carne
Gálatas 5:16-26

14. ¿Quién debe determinar el camino del creyente? (Vrs. 16)
    a. ______________________

15. ¿Están de acuerdo el Espíritu (Espíritu Santo) y la carne? (Vrs. 17)
    a. ______________________

16. ¿Qué produce la carne? (Vrs. 19-21)

a. ____________________

b. ____________________

c. ____________________

d. ____________________

e. ____________________

f. ____________________

g. ____________________

h. ____________________

i. ____________________

j. ____________________

k. ____________________

l. ____________________

m. ____________________

n. ____________________

o. ____________________

p. ____________________

q. ____________________

r. ____________________

17. ¿Qué produce el Espíritu Santo? (Vrs. 22-23)
    a. ____________________ f. ____________________
    ____________________ ____________________
    b. ____________________ g. ____________________
    ____________________ ____________________
    c. ____________________ h. ____________________
    ____________________ ____________________
    d. ____________________ i. ____________________
    ____________________ ____________________
    e. ____________________
    ____

18. ¿Hay una ley que prohíbe el fruto del Espíritu Santo? (Vrs. 23)
    a. ______________________________

19. Si la persona pertenece a Cristo (a través de la salvación), ¿qué debe hacer y cómo debe andar? (Vrs. 24-25)
    a. ____
    (Vrs. 24)
    b. ____
    (Vrs. 25)

20. ¿De cuáles tres cosas el creyente no debe tener el deseo? (Vrs. 26)
    a. ___________________________
    b. ___________________________
    c. ___________________________

La Tentación
Santiago 1:12-15

21. ¿Qué va a recibir el creyente si no cae en la tentación (debido a su amor por Dios)? (Vrs. 12)
    a. ____________________

22. ¿Puede Dios ser tentando o tentar? (Vrs. 13)
    a. ____________________

23. ***"Sino que cada uno es tentado, cuando de _____ _______ _______ es atraído y _______."*** (Vrs. 14)
    *¿De quién está tentado cada creyente?

    ____

24. ¿Qué le produce la concupiscencia al individuo? (Vrs. 15)
    a. ____________________

25. ¿Qué produce el pecado? (Vrs. 15)
    a. ____________________________

26. ¿Qué provee Dios para cada uno de Sus hijos? (Vrs. 16-17)
    a. ____________________________
    b. ____________________________

El Pecado
Romanos 6:1-23

27. ¿Debe el creyente depender en la gracia de Dios para poder continuar en el pecado? (Vrs. 1-2)
    a. ____________________________

28. A través de la salvación, el creyente está ________ al pecado. (Vrs. 2-5)

29. ¿Qué fue crucificado con Cristo? (Vrs. 6)
    a. ____________________________

30. Si el viejo hombre está muerto, ¿debería servir al pecado? (Vrs. 6-10, 16)
    a. ____________________________

31. ***"Así también vosotros ___________ muertos al __________, pero vivos para ________ en Cristo Jesús, Señor nuestro. No reine, pues, el ___________ en vuestro cuerpo mortal, de modo que lo _____________ en sus concupiscencias;"*** (Vrs. 11-12)

32. ¿A Quién debe rendirse el creyente? (Vrs. 13)
    a. ________________________

33. ¿Debe el pecado controlar la vida del creyente? (Vrs. 14-15)
    a. ________________________

34. ¿A qué y a Quién debe servirle cada creyente? (Vrs. 16-22)
    a. ________________________
    b. ________________________

35. ¿Que dos cosas producen el pecado? (Vrs. 21, 23)
    a. ________________________
    b. ________________________

La Dureza del Pecado
Salmos 32

36. ¿Quién es bienaventurado? (Vrs. 1-2)
    a. ____________________

37. ¿Cuáles fueron los resultados de no confesar los pecados? (Vrs. 3-4)
    a. ____________________
    b. ____________________
    c. ____________________

38. ¿Qué hace Dios cuando los pecados son confesados? (Vrs. 5)
    *I Juan 1:9
    a. ____________

39. ¿Quienes pedirán perdón cuando sean hallados por Dios? (Vrs. 6)
    a. ____________

40. Cuando el pecado es confesado, ¿Quién protegería al creyente? (Vrs. 6-7)
    a. ____________

41. El creyente no debe ser terco como lo son, ¿cuáles dos animales? (Vrs. 9)
    a. ______________________________
    b. ______________________________

42. ¿Qué van a pasar los impíos? (Vrs. 10)
    a. ______________________________

43. ¿Qué les va a pasar a los que esperen en Dios? (Vrs. 10)
    a. ______________________________

44. ¿Qué debe ser parte de la vida de los justos y los rectos? (Vrs. 11)
    a. ______________________________
    b. ______________________________
    c. ______________________________

Maestro Falso
Colosenses 2:8-23, I Timoteo 4:1-7, I Juan 2:21-23, II Juan 1:7-11

45. ***"Mirad que nadie os __________ por medio de filosofías y huecas sutilezas, según las tradiciones de los ___________, conforme a los rudimentos del _________, y no según Cristo."*** (Col 2:8)

46. Las comidas y los días especiales fueron con el propósito de dirigir los hombres a ¿Quién? (Col 2:16-17)
    a. ______________________

47. ¿Qué tres cosas enseñan la doctrina del hombre (afectando humildad y culto voluntario) ? (Col 2:18-23)
    a. ______________________
    b. ______________________
    c. ______________________

48. ¿Debe el creyente adorar a los ángeles? (Col 2:18)
    a. ______________________

49. ¿Qué enseña el Espíritu Santo va a pasar en los tiempos postreros? (I Tim 4:1-2)
    a. ______________________
    b. ______________________

50. Qué enseñarán los maestros falsos? (I Tim 4:3-5)
    a. ______________________________
    b. ______________________________

51. ¿Qué enseñarán los maestros verdaderos? (I Tim 4:6-7)
    a. ______________________
    b. ______________________

52. ¿Quién rechaza a Jesucristo? (I Juan 2:21-22, II Juan 1:7-8)
    *Gálatas 1:6-12, I Juan 4:1-6
    a. ____________________

53. Si alguien rechaza a Jesucristo, también él estaría rechazando a ¿Quién? (I Juan 2:23, II Juan 1:9)
    *Judas 1:3-21
    a. ____________________

54. ¿Qué dos cosas no deben hacer los creyentes con los maestros falsos? (II Juan 1:10-11)
    *Tito 3:9-11
    a. ____________________
    b. ____________________

¿Cuáles son las diferencias entre las verdades de Dios y las falsedades del hombre?

El Evangelio de Dios por la Fe
vs.
El Evangelio del Mundo por las Obras
I Corintios 15:1-4, Gálatas 1:6-12 , Romanos 1:16

1. ¿Qué es el Evangelio según la Biblia? (I Cor. 15:1-4)

   ____

   ____

   ____

   * Juan 17:2-3

2. El Evangelio de Dios está basado en la ______ de Jesucristo. (Gal. 1:6)
   *Efesios 2:8-9

3. ¿Debe el Evangelio de Jesucristo (lo que es por gracia) ser cambiado o pervertido por los pensamientos del hombre? (Gal. 1:7-9)
   a. ________________________

4. El mensaje del Evangelio no es de las enseñanzas del hombre, sino de _______. (Gal. 1:10-12)

5. ¿Cómo usted puede encontrar la justicia para sus pecados, en la ley o en la fe en Jesucristo? (Gal 2:16)
   a. ______________________

6. ¿Cómo usted puede tener el poder de Dios para la salvación? (Romanos 1:16)
   a. ______________________

El Arrepentimiento que es según Dios *vs.* El Arrepentimiento que es según el Mundo II Corintios 7:8-11, I Juan 1:8-10

7. ¿Qué produce la tristeza según Dios? (II Cor. 7:8-10a)
   a. ______________________

8. ¿Qué produce la tristeza del mundo? (II Cor. 7:10b)
   a. ______________________

9. ¿Cuáles son las cosas evidentes en el arrepentimiento según Dios? (II Cor. 7:11a)
   a. ______________________
   b. ______________________
   c. ______________________
   d. ______________________
   e. ______________________
   f. ______________________
   g. ______________________

10. La meta del arrepentimiento es que usted esté ***"mostrado _____ en el asunto."*** (II Cor. 7:11b)

11. Sí hay negación del pecado, ¿puede el contristado producir el arrepentimiento verdadero? (I Juan 1:8)
    a. ______________________

12. ¿Qué le promete Dios a usted si admite sus pecados por la confesión de ellos a Él? (I Juan 1:9)
    a. ______________________

El Amor de Dios
vs.
El Amor del Mundo
Proverbios 7:6-27, I Juan 3:18, 4:9-11, Romanos 13:8-10, I Corintios 13:4-8

13. ¿Qué produce el amor sexual del mundo? (Proverbios 7:6-27)
    a. ***"18 Ven, embriaguémonos de ____ hasta la mañana; Alegrémonos en _______."***
    b. ***"27 Camino al ________ es su casa, Que conduce a las cámaras de la _______."***

14. ***"Hijitos míos, no amemos de _________ ni de ________, sino de _________ y en ________."*** (I Juan 3:18)

15. ¿Cómo Dios ha mostrado su amor por usted? (I Juan 4:9-10)
    *Juan 3:16 - Porque del amor de Dios, Él hizo una decisión de sacrificio por usted.
    a. ____________________________________

16. Por causa del amor de Dios, ¿Qué usted debe hacer para los otros? (I Juan 4:11)
    a. ____________________

17. ¿Qué no hace el amor? (Rom. 13:8-10)
    a. ______________________________

18. El amor es ... (I Cor. 13:4-8)
    a. ______________________________
    b. ______________________________
    c. ______________________________
    d. ______________________________
    e. ______________________________
    f. ______________________________
    g. ______________________________
    h. ______________________________
    i. ______________________________
    j. ______________________________
    k. ______________________________
    l. ______________________________
    m. ______________________________
    n. ______________________________
    o. ______________________________
    p. ______________________________

La Sabiduría del Cielo
vs.
La Sabiduría del Mundo
Santiago 3:13-18, Proverbios 9:10

19. ¿Cómo puede saber alguien que una persona es sabia? (Snt. 3:13)
    a. ______________________

20. ¿Cuáles son las descripciones de la sabiduría del mundo? (Snt. 3:14-15)
    a. ______________________
    b. ______________________

21. ¿Qué producen el celo y la contención según la sabiduría del mundo? (Snt. 3:16)
    a. ______________________
    b. ______________________

22. Primeramente, ¿Cómo es la sabiduría de arriba? (Snt. 3:17)
    a. ______________________

23. ¿Cuál es la descripción en total de la sabiduría de Dios? (Snt. 3:17)
    a. ______________________
    b. ______________________
    c. ______________________
    d. ______________________
    e. ______________________
    f. ______________________
    g. ______________________
    h. ______________________

24. ¿De dónde llega la sabiduría del cielo? (Pro. 9:10)
    a. ______________________

Las Obras Producidas por Dios
vs.
Las Obras Producidas por la Carne
Gálatas 5:16-26

25. Si está viviendo según el Espíritu Santo no va a cumplir las obras de ¿qué? (Vrs. 5:16-18)
    a. ______________________

26. ¿Cuáles son las obras de la carne? (Vrs. 19-21)
    a. ______________________________
    b. ______________________________
    c. ______________________________
    d. ______________________________
    e. ______________________________
    f. ______________________________
    g. ______________________________
    h. ______________________________
    i. ______________________________
    j. ______________________________
    k. ______________________________
    l. ______________________________
    m. ______________________________
    n. ______________________________
    o. ______________________________
    p. ______________________________
    q. ______________________________
    r. ______________________________

27. ¿Cuáles son los resultados del Espíritu Santo? (Vrs. 22-23)
    a. ______________________________
    b. ______________________________
    c. ______________________________
    d. ______________________________
    e. ______________________________
    f. ______________________________

g. ____________________________
h. ____________________________
i. ____________________________

28. ***"Si __________por el Espíritu, _________también por el Espíritu."*** (Vrs. 25)

El Tesoro del Cielo
vs.
El Tesoro del Mundo
Mateo 6:19-21, Lucas 12:16-21, 29-34

29. ¿Qué le sucede al tesoro del mundo? (Mat. 6:19)
    a. ____________________________
    b. ____________________________
    c. ____________________________

30. ¿Qué tipo de tesoro no pueden tocar las polillas, el orín, y los ladrones? (Mat. 6:20)
    a. ____________________________

31. ¿Qué representa su tesoro? (Mat. 6:21)
    a. ____________________________

32. ¿En qué confió el rico? (Lucas 12:16-19)
    a. ____________________________

33. ¿Qué valor tenían las riquezas del rico a los ojos de Dios cuando su vida estuvo terminada? (Lucas 12:20)
*Mateo 16:25-26
a. ____________________________

34. ***"Así es el que hace para sí tesoro, y no es rico para con _____."*** (Lucas 12:21)

35. Sí usted sirve al reino de Dios, ¿Quién va a proveer nuestras necesidades en el mundo? (Lucas 12:29-34)
a. ____________________________

El Maestro de Dios
vs.
El Maestro del Mundo
I Corintios 2:1-5, II Corintios 2:17, 11:13-15, II Pedro 2:1-22

36. El maestro de Dios va a enfocar su mensaje en ¿qué? (I Cor. 2:1-2)
a. ____________________________

37. El maestro de Dios no va a depender de su propia fuerza ni sabiduría, sino dependerá ¿en qué? (I Cor. 2:3-4)
    a. ______________________
    b. ______________________

38. El maestro de Dios va a desear que la fe de los que escuchan no estén en él, sino ¿en qué? (I Cor. 2:5)
    a. ______________________

39. ¿Qué no va a hacerle el maestro de Dios a la Palabra? (II Cor. 2:17)
    a. ______________________

40. ¿Cómo el maestro de Dios va a presentar la Palabra de Dios y basado en la autoridad de Quién? (II Cor. 2:17)
    a. ______________________
    b. ______________________

41. ¿Cómo va a tratar de disfrazarse el maestro falso? (II Cor. 11:13-15)
    a. ______________________

42. ¿A Quién va a negar el maestro falso? (II Pedro 2:1)
    *I Juan 2:22-25
    a. ______________________

43. ¿Cuál será el final del maestro falso? (II Pedro 2:1-22)
    a. ______________________

44. ***"Pues hablando ___________ infladas y vanas, seducen con _______________ de la _______ y disoluciones a los que verdaderamente habían huido de los que viven en error. Les prometen _____________, y son ellos mismos esclavos de _________. Porque el que es vencido por alguno es hecho ______________ del que lo venció."***
    (II Pedro 2:18-19)
    *Judas 1:1-25

Los Otros Estudios Bíblicos y Libros disponible por Los Ministerios de Andando en la PALABRA www.walkinginthewordministries.net

Matrimonio:
Un Pacto Delante de Dios

Diez estudios y materiales extras
para ayudar a una pareja
tener un matrimonio bíblico.

La Crianza con Propósito

Seis estudios
sobre la crianza bíblica.
Los primeros tres estudios se enfoquen en
la necesidad de los padres
de honrar a Dios con su niño.
Los últimos tres estudios se enfoquen en
cómo los padres tienen que representar
Dios Padre a su niño.

La Armadura de Dios
para las Batallas Diarias

Un estudio diario
para ayudar a los creyentes
a aprender y aplicar
los recursos espirituales
que Dios el Padre les da
para vivir la vida victoriosa.

Una Guía de Bosquejo para El Camino del Calvario de Roy Hession

Esta guía en forma de bosquejo fue escrita para mejorar su capacidad de comprender, recordar, y aplicar las verdades espirituales importantes compartidas en El Camino del Calvario.

Los Componentes Básicos para una Vida Cristiana Estable

Cinco estudios explicando la importancia de y como organizarse en la oración, el estudio bíblico, las verdades bíblicas, los versículos de memoria, y la predicación.

El Corazón del Hombre

Un análisis Bíblico tocante a la salvación, los primeros pasos de la obediencia, y la vida nueva.

¿Qué dice la Biblia sobre:
La Salvación?,
El Bautismo?,
La Membresía de la Iglesia?

Tres estudios sencillos
para investigar y repasar
la salvación
y los primeros pasos de obediencia
en la vida del creyente.

¿Quiénes Son Los Bautistas?
Según Sus Distintivos

Un estudio bíblico
de las ocho creencias básicas
de los Bautistas.

¿La Voluntad de Dios
es un Rompecabezas para Ti?

Un estudio y formulario bíblico
para encontrar la voluntad de Dios
para su vida.

www.ingramcontent.com/pod-product-compliance
Lightning Source LLC
LaVergne TN
LVHW020658100826
845148LV00012B/2548

* 9 7 8 0 6 9 2 3 6 0 6 0 6 *